DES DONATIONS

GREVÉES DE CHARGES CHARITABLES

ADRESSÉES AUX

FABRIQUES ET CONSISTOIRES

—

DISCOURS

PRONONCÉ LE 18 DÉCEMBRE 1881

A L'OUVERTURE DES

CONFÉRENCES DES AVOCATS

PAR

Mᵉ DANIEL FOSSE

Avocat

Docteur en Droit

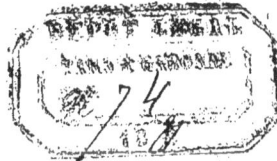

MONTAUBAN

TYP. DE MACABIAU-VIDALLET, CARRÈRE SUCCESSEUR

25, Rue Bessières, 25

—

1881

DES DONATIONS

GREVÉES DE CHARGES CHARITABLES

ADRESSÉES AUX

FABRIQUES ET CONSISTOIRES

DISCOURS

PRONONCÉ LE 18 DÉCEMBRE 1881

A L'OUVERTURE DES

CONFÉRENCES DES AVOCATS

PAR

Me DANIEL FOSSE

Avocat

Docteur en Droit

MONTAUBAN

TYP. DE MACABIAU-VIDALLET, CARRÈRE SUCCESSEUR

25, Rue Bessières, 25

1881

DES DONATIONS

GREVÉES DE CHARGES VÉRITABLES

ADRESSÉES AUX

FABRIQUES ET CONSISTOIRES

———

La propriété, dit l'art. 544 du code civil, est le droit de jouir et de disposer d'une chose de la façon la plus absolue, pourvu qu'on n'en fasse pas un usage prohibé par les lois ou par les règlements. La liberté du propriétaire est complète ; il peut user de sa chose, la détruire, l'aliéner, pourvu qu'il n'enfreigne pas les lois ou règlements. La liberté, voilà le principe. Je veux constituer un droit sur ma chose ; je veux anéantir ma chose par tel procédé ; je veux l'aliéner de telle manière, le puis-je ? Oui, à priori, à moins qu'une loi restrictive de ma liberté ne s'y oppose. Ces lois exceptionnelles ne doivent être appliquées qu'aux hypothèses exactement prévues ; il faut se garder d'étendre leur application à des cas analogues. S'il y a doute, il faut faire retour au principe général et se prononcer pour la liberté.

Ainsi, Messieurs, un propriétaire aliène sous condition. En a t-il le droit? On n'a-pas besoin d'un texte pour adopter l'affirmative puisque la liberté est la règle. La même solution résulte d'ailleurs des art. 900 et 1172, qui défendent seulement l'apposition de certaines conditions. Allons plus loin encore; parmi ces conditions, les unes sont permises, les autres sont prohibées. Supposons qu'il ait transféré la propriété de sa chose sous une condition prohibée et voyons quelles seront les conséquences de son action. Si la convention est à titre onéreux, tout est annulé; si elle est à titre gratuit, la condition seule disparaît, la convention demeure pure et simple, de conditionnelle qu'elle était. L'on ne respecte pas la volonté du disposant; il y a ici dérogation au principe général posé dans l'art. 544. Aussi, lorsque la convention est à titre onéreux, ne doit-on pas facilement déclarer la condition contraire aux lois, car alors la convention tombe, et c'est là un résultat grave. S'il s'agit d'une convention gratuite, la conséquence est plus grave encore. On exécute partiellement la volonté du donateur ou du testateur; la condition tombe, la donation est pure et simple. Cette disposition a été vivement attaquée. Pour être maintenue, elle a besoin d'habiles défenseurs. On a dit qu'avant toute chose le disposant avait voulu donner. « *Donationis causa donationi cohæret.* » La cause de la donation, c'est l'esprit de libéralité. Je ne sais pas pour ma part, s'il en est toujours ainsi dans l'intention du donateur. Il a le plus souvent considéré la donation conditionnelle comme un tout indivisible, et n'aurait pas donné, s'il avait su que la condition apposée serait tenue pour non écrite. On comprendrait que tout soit annulé; mais ce respect partiel de la volonté du donateur est souvent pour lui pire que la destruc-tion complète de ses dispositions. A Rome, les donations, comme les autres conventions, lorsque elles étaient soumises à des conditions impossibles, étaient annulées. S'il en était autrement, lorsqu'il s'agissait de libéralités testamentaires, si la condi-tion prohibée seule était effacée, cet écart de la règle générale ne s'explique que par la faveur dont étaient entourées les dispositions par testa-ment. Cette loi particulière était vivement criti-quée et Gaïus confesse que cette différence n'avait aucun fondement sérieux : « *Et sane vix idonea diversitatis ratio reddi potest.* »

Quoiqu'il en soit, l'art. 900 est formel. Dans toute disposition entre vifs ou testamentaire, les conditions impossibles, celles qui sont contrai-res aux lois ou aux mœurs sont réputées non

écrites. Que faut-il faire en présence d'un article,
qui, pour des raisons plus ou moins bonnes, viole
manifestement la volonté du disposant. Cet article
existe; il faut l'appliquer, mais ne l'appliquer
qu'aux cas rigoureusement prévus, ne l'appliquer
que lorsque la condition est réellement impossible
ou contraire aux lois. On doit même dans ces
limites restreindre encore la portée de l'article.
Lorsqu'il résultera des termes de l'acte que le
disposant a entendu subordonner l'existence de sa
libéralité à l'exécution de la condition apposée, la
donation tombera si cette condition est déclarée
contraire aux lois. Ainsi il faudra anéantir l'acte
entier lorsque le testateur ou donateur prévoyant
le cas où la condition serait tenue pour non écrite
ajouterait : « en ce cas je révoque ma donation. »
On est maître de conserver son bien, on est maître
de le donner, d'imposer à la donation des conditions. Si le donataire n'accomplit pas les conditions, il doit être déchu du bénéfice dont il est
gratifié ; ce n'est que très exceptionnellement qu'il
peut recevoir, sans exécuter les charges dont avait
été grevée la libéralité. Ce n'est, en effet, que dans
des circonstances exceptionnelles, que la volonté
du donateur doit pouvoir être méprisée.

Nous avons dû, messieurs, proclamer le principe
de liberté au début de notre œuvre; nous avons
dû affirmer hautement combien la volonté des

disposants nous paraissait respectable, avant de nous engager dans l'étude de notre sujet. Cette volonté sera-t-elle respectée dans l'hypothèse que nous avons choisie? Je donne ou lègue une somme d'argent au conseil de fabrique de ma paroisse pour qu'il distribue cet argent aux pauvres. La fabrique peut-elle recevoir cette donation?

Certes, les fabriques et consistoires sont aptes à recevoir les donations qui leur sont faites purement et simplement, sous les conditions d'autorisation de l'art. 910. Ils ont été reconnus personnes morales par les art. 76 et 20 de la loi du 18 germinal an X. Mais ces personnes morales n'ont de droits que ceux que la loi leur a expressément concédés. En dehors du cercle d'attributions pour lesquelles elles ont été créées, elles n'existent pas, elles ne constituent pas des êtres juridiques, elles sont incapables d'avoir ou de devoir des droits (art. 937). Les fabriques ou consistoires ont-ils qualité pour recevoir les donations grevées de charges charitables? Plusieurs solutions ont été données à ce problème et les partisans de chacune d'elles ont combattu et combattent encore pour faire triompher leur opinion. M. Béquet dans son intéressante brochure « *De la personnalité civile des diocèses, fabriques et consistoires* » a fait l'historique de cette longue controverse dont nous voulons rappeler les épisodes les plus marquants.

La lutte s'est élevée dès le Concordat entre ceux qui soutiennent les intérêts des fabriques et les représentants des bureaux de bienfaisance.

La loi du 7 frimaire an V a institué les bureaux de bienfaisance et les a chargés de recevoir les donations charitables. Aussi, lorsqu'on fait un don aux pauvres sans autre indication, le bureau de bienfaisance a seul qualité pour accepter et recueillir le don. Mais, si l'on indique comme exécuteur de la donation ou du testament une fabrique ou un consistoire, si on leur adresse la libéralité avec charge de la distribuer aux pauvres, la fabrique ou le consistoire peuvent-ils réclamer le montant de la libéralité, ou bien le bureau de bienfaisance prétend-il justement avoir seul qua- lité pour accepter cette donation ?

Portalis a soutenu énergiquement le droit des fabriques, en s'appuyant sur l'art. 76 de la loi du 18 germinal an X, qui confère à ces personnes morales l'administration des aumônes. L'aumône, disait Portalis *(Rapport du 16 avril 1806)*, est ce qu'on donne aux pauvres par charité (voir aussi *lettre du 14 novembre 1803*). Les fabriques sont donc aptes à recevoir les libéralités adressées aux pau- vres par leur intermédiaire. L'administration de l'intérieur a protesté vivement contre cette inter- prétation. D'après elle, les fabriques et consistoires n'ont pour mission que celle de conserver et d'entretenir les temples. Lorsque la loi leur donne la gestion des aumônes, il ne s'agit nullement de la gestion des libéralités adressées aux pauvres, mais de celle des fonds offerts pour les frais du culte. Le secours des pauvres ne rentre nullement dans les attributions des fabriques; elles sont incapables de recevoir pour les indigents.

Sous l'Empire les deux théories furent en vigueur. La volonté toute-puissante, qui présidait alors aux destinées de la France, faisait triompher l'une ou l'autre solution, selon les inspirations ou les caprices du moment. Sous la Restauration, deux avis du conseil d'Etat des 15 janvier 1819 et 20 décembre 1820 se prononcent dans un sens favorable aux bureaux de bienfaisance. S'il s'agit d'un legs fait aux pauvres, les bureaux de bienfaisance peuvent seuls l'accepter; rien de semblable ne se trouve dans les attributions des fabriques; elles ne sont instituées que pour l'administration des frais de culte.

Le 15 janvier 1837, les membres du conseil d'Etat rédigent un avis dans le même sens. Les bureaux de bienfaisance peuvent seuls être envoyés en possession des objets donnés aux pauvres. Il n'appartient pas aux donateurs de modifier cette règle administrative et de conférer aux consistoires ou aux fabriques le droit de représenter les pauvres.

Cette solution avait au moins l'avantage d'être nette et précise; elle fut bientôt abandonnée. Le 4 mars 1841, le conseil d'Etat décide que lorsqu'il s'agit d'un legs fait à une fabrique pour les pauvres, le bureau de bienfaisance et la fabrique seront autorisés à accepter conjointement, car la fabrique est seule instituée, le bureau seul est capable. Un avis du 30 décembre 1846 charge la fabrique de gérer le bien légué; la rente achetée avec le produit du legs sera immatriculée au nom de la fabrique.

En 1863, on déclare que l'immatriculation sera opérée au double nom de l'établissement institué et de l'établissement capable.

Le 23 mars 1871, une affaire de même nature fut portée devant la cour d'Angers. Un sieur de Langottière avait légué à la fabrique de Viel-Baugé une certaine somme d'argent pour les pauvres. Cette somme était destinée à l'établissement de deux sœurs pour soigner les pauvres malades et les sœurs devaient être choisies par le curé. Conformément à sa jurisprudence de 1863, le conseil d'Etat autorisa simultanément la fabrique et le bureau de bienfaisance de Viel-Baugé à recueillir le legs et il repoussa comme contraire à la loi la condition du choix des sœurs par le curé. Les héritiers refusèrent la délivrance du legs et la cour d'Angers leur donna raison. Elle déclara le legs caduc, « attendu qu'il appartenait au conseil d'Etat de refuser ou d'accorder l'autorisation d'accepter le legs, mais qu'il ne pouvait lui appartenir d'en changer les conditions et de créer un testament arbitraire, qu'il suffisait de comparer les termes du testament avec ceux du décret pour reconnaître que la volonté du testateur avait été absolument méconnue par le décret »... C'est une nouvelle solution au problème; la donation tombe, les pauvres sont dépouillés d'un bien qui leur serait parvenu.

Le conseil d'Etat change encore de jurisprudence. Un avis du 6 mars 1873 reconnaît aux fabriques pleine capacité de recevoir pour les pauvres, elles acceptent seules les sommes destinées à être distribuées aux pauvres par les membres de la fabrique ou par le curé. S'il s'agit d'une fondation perpétuelle, il convient, en autorisant la fabrique à accepter le legs qui s'adresse à elle, à immatriculer le titre en son nom, à en conserver la garde, d'autoriser le maire à accepter le legs en faveur des pauvres et d'ordonner qu'un duplicata du titre lui sera délivré. Cette mesure, sans lui donner un moyen de contrôle sur l'emploi que la fabrique et le curé feront des revenus mis à leur disposition, lui permettra de s'assurer si le capital de la fondation est conservé.

Le 12 juillet 1881, nouveau changement, revirement complet. A l'occasion de trois legs, dont deux adressés à des fabriques et le troisième au conseil presbytéral de l'Eglise réformée de Paris, le gouvernement, sur la demande d'autorisation, a consulté le conseil d'Etat pour savoir, si, indépendamment des espèces, les conseils de fabrique ou presbytéraux avaient capacité pour recevoir les legs destinés aux soulagement des pauvres. L'Assemblée générale s'est prononcée contre les autorisations demandées. Les personnes morales ne sont aptes à recevoir et à posséder que dans l'intérêt des services qui leur ont été spécialement confiés. Or la loi n'a institué les fabriques et les conseils presbytéraux que dans le but de pourvoir à l'administration et au service du culte. Si la loi de germinal an X confie aux fabriques l'administration des aumônes, il faut entendre par là les offrandes des fidèles pour les frais du culte. C'est dans le même sens que le mot aumônes est employé par le décret du 30 décembre 1809. On le voit, l'ancienne interprétation est remise en vigueur.

Voilà les diverses solutions qui ont été données à notre question. Si l'on ne tient pas compte de légères différences, on peut rattacher ces solutions à quatre types principaux :

1° Système de l'acceptation conjointe.

2° Caducité du legs ou de la donation pour inexécution des conditions.

3° Nullité de la clause d'exécution par la fabrique et remise du montant de la libéralité au bureau de bienfaisance.

4° Exécution complète de la volonté du disposant.

Le système de l'acceptation conjointe, qui
consiste, on s'en souvient peut-être, à autoriser
simultanément le bureau de bienfaisance et la
fabrique à accepter la libéralité, ne nous a jamais
séduit. Il a été en vigueur de 1841 à 1873, mais
ce n'est, pensons-nous, qu'à titre de conciliation,
pour ne blesser aucun intérêt; là question était
réservée. Il se résume en ces termes : la fabrique
instituée n'est pas capable d'accepter ; le bureau
de bienfaisance est capable, mais n'est pas institué ; en les autorisant tous deux, on pourra ainsi
donner effet à la volonté du disposant. Je crois
qu'il est difficile de trouver la base juridique de
cette théorie. Sa cause, c'est son utilité.

L'opinion, qu'a fait prévaloir la cour d'Angers,
paraît plus acceptable. Un legs est fait à une
fabrique pour le montant en être distribué par ses
soins aux pauvres de la paroisse. L'Etat autorise
l'acceptation de la libéralité pour les pauvres,
mais il veut substituer à la fabrique le bureau de
bienfaisance. Il veut que le bureau de bienfaisance

touche et distribue les fonds. N'est-il pas évident
que cette mutation est impossible et a pour effet de
rendre le legs caduc? Comment! Je donne à la
fabrique de ma paroisse mille francs pour les pauvres. Je veux que la fabrique recueille l'avantage
de l'influence qu'elle retirera de la distribution des
deniers; j'indique, soit par une clause formelle,
soit par l'ensemble de ma disposition, que l'existence même de ma libéralité est soumise à l'accomplissement intégral de ma volonté, à la condition d'exécution par la fabrique; et on supprimerait
cette condition! et on remettrait les fonds au
bureau de bienfaisance! Mais alors je ne suis
pas donateur; je n'ai pas voulu donner. Qu'on me
rende si je vis encore, qu'on rende à mes représentants le montant de ma liberalité. « *Cum testator*
se ipsum glossat et interpretatur, dit un vieil auteur,
non necesse est confugere ad aliam juris interpreta-
tionem » (V. Demol. Don. I § 207 et suiv. Grenoble,
5 juillet 1869).

Cette conclusion nous paraît nécessaire dans les
termes où le problème a été posé. Lorsque le disposant a formellement subordonné sa libéralité à
l'accomplissement de sa condition, ou bien cette
condition sera accomplie, ou bien la donation sera
révoquée. Mais le plus souvent la question n'est
pas aussi simple; le donateur soumet sa disposition
à une condition; il n'ajoute pas qu'au cas d'inexécu-

tion la donation sera révoquée. Alors il faut nécessairement distinguer selon les conditions. Si celle, à laquelle est soumise la disposition, est licite, l'inexécution amènera l'application des art. 953 et 954 du code civil et par suite la révocation. Cette condition est-elle illicite, elle est réputée non écrite. Voilà les principes certains. C'est ici, messieurs, qu'il faut admirer. Vous n'avez peut-être pas bien saisi comment le bureau de bienfaisance pouvait avoir des prétentions à une libéralité qui ne lui était pas adressée. Qu'il y ait lutte entre la fabrique, héritière instituée et les parents, héritiers naturels, cela se conçoit. Mais le bureau de bienfaisance n'a aucune parenté avec le *de cujus.* Il n'est pas nommé dans le testament, il ne peut invoquer aucune donation, aucune qualité de successeur légitime ou testamentaire. Que vient-il faire ici?

Les personnes morales sont très-absorbantes et se laissent entraîner à des tentatives d'envahissement. Cette idée, dont on a voulu se servir contre les fabriques et consistoires, ne s'applique-t-elle qu'à eux seuls et ne pourrait-on pas reprocher aux bureaux de bienfaisance d'avoir tenté d'envahir? Ils ne sont ni héritiers légitimes, ni successeurs testamentaires et pourtant ils recueillent. Lorsqu'un legs est fait à une fabrique, les pauvres doivent profiter du legs; ils en sont les bénéficiaires; ce sont eux qui sont les véritables légataires, ils tiennent du testament un droit direct. Les jurisconsultes qui soutiennent les droits du bureau de bienfaisance citent de nombreux arrêts favorables à cette doctrine (Colmar 10 mars 1832. — Caen 12 novembre 1869. — Cassat 21 juin 1870). C'est déjà un avantage gagné; on met bien en relief le droit des pauvres et l'on a une tendance à considérer comme indifférente la clause d'exécution par la fabrique; à la laisser dans l'ombre pour éléminer bientôt cet élément gênant.

En effet, a-t-on ajouté, les personnes morales n'existent que dans les limites des services qui leur ont été confiés. Un don est adressé aux pauvres avec charge d'exécution par une fabrique. La fabrique n'a pas mission de secourir les pauvres, elle n'existe pas quant à cet objet. La disposition est semblable à celle par laquelle on aurait adressé une somme aux pauvres en confiant l'exécution de la libéralité à une personne qui n'aurait jamais existé. L'accomplissement de cette clause additionnelle étant impossible ou contraire aux lois, le don est réputé fait purement et simplement aux pauvres et le bureau de bienfaisance se trouve juste à point pour encaisser les fonds. N'est-ce pas un raisonnement délié, une fine argumentation?

Oui c'est habile, mais ce n'est pas légal. Nous nions la base du système de nos adversaires et nous posons en thèse que la fabrique a mission de secourir les pauvres et que la clause d'exécution par une fabrique d'une donation charitable est pleinement valable.

Avant la Révolution les lois civiles et celles de l'Eglise imposaient aux bénéficiers l'obligation de faire la charité. Le clergé avait le bien des pauvres et était chargé de les secourir La loi du 7 frimaire an V organise les bureaux de bienfaisance et leur confie le soin de recevoir les donations charitables. On prétend qu'en vertu de ce seul texte le service des secours, dévolu jadis aux fabriques, leur a été retiré. Sinon il y aurait, en réalité, deux bureaux de bienfaisance, l'un civil, l'autre religieux. « Dans notre droit administratif, dit M. Béquet, chaque institution à ses fonctions déterminées, sa compétence et ses attributions propres. Aucune ne doit empiéter sur celles d'une autre. » Que pour éviter le désordre, une telle règle soit nécessaire en principe, nous ne le contestons pas. N'y a-t-il pas ici une exception aux lois ordinaires, une dérogation dans l'intérêt des pauvres? « Sans doute les commissions charitables, dit Portalis, sont des institutions utiles, mais ce serait dénaturer leur caractère et peut-être même détruire leur utilité que de les transformer en institutions exclusives. La bienfaisance souffle comme elle veut et si elle veut... tel confie ses

aumônes à une fabrique, qui ne les confierait pas à un autre établissement. Loin de prescrire des conditions imprudentes à la bienfaisance, il faut lui ouvrir toutes les voies qu'il lui plaira de choisir pour s'étendre *(Rapport à l'Empereur du 16 avril 1806).* »

Les bureaux de bienfaisance sont certainement les représentants naturels des pauvres. La loi du 7 frimaire an V les institue à cet effet. Un arrêté du 5 prairial an VI leur donne le droit de placer dans les églises des troncs destinés à recevoir les dons et les aumônes. Ils peuvent, en vertu de l'art. 75 du décret du 30 décembre 1809, organiser des quêtes pour les pauvres dans l'intérieur des églises ou des temples, et, d'après l'art. 937 du code civil combiné avec l'ordonnance du 2 avril 1817, les legs faits aux pauvres sont acceptés par le bureau de bienfaisance, ou à défaut par le maire. Ainsi les pauvres sont secourus et représentés par le bureau de bienfaisance, qui seul est apte à recevoir les donations adressées aux pauvres sans autre indication.

Pour pouvoir écarter les fabriques et leur dénier complètement le droit de secourir les pauvres, il ne suffit pas de prouver que le bureau de bienfaisance est déjà chargé de cette mission; il faudrait prouver en outre, qu'il en est exclusivement chargé. Si la donation est faite purement et simplement aux pauvres, si elle leur est ainsi adressée sans autre indication, certainement le bureau de bienfaisance recueillera le montant de la libéralité. Dès qu'il y aura au contraire une donation faite sous condition d'exécution par la fabrique, cette condition peut et doit être remplie. La fabrique et le consistoire, d'après les art. 76 et 20 du germinal an X, ont été créés pour veiller à l'entretien et à la conservation des temples, à l'administration des aumônes. Les aumônes sont les dons faits aux pauvres. On vient dire qu'aumônes signifient dons faits aux églises pour l'entretien et les frais du culte. Mais jamais cette expression n'a été appliquée à de pareilles offrandes *(V. Portalis, Rapport du 16 avril 1806)*. On ajoute que Merlin dans son répertoire, au mot *Aumône* § 3, interprète cette expression comme nos adversaires. C'est vrai ; toutefois comment sur ce point attribuer autorité à Merlin qui au § 1er définit le mot aumône ce qu'on donne aux pauvres par charité. Il faut vraiment détourner ce mot de sa signification ordinaire pour prétendre que les aumônes sont les donations offertes pour les besoins du culte.

Les bureaux de bienfaisance sont si peu les représentants exclusifs des pauvres, que la loi même de leur institution, la loi du 7 frimaire an V, indique la limite de leurs attributions.

« Chaque bureau recevra, dit-elle dans son art. 8, les dons qui lui sont offerts. » Elle ne dit pas qu'il peut accepter les dons offerts aux indigents, mais seulement les dons qui lui sont offerts. Par une interprétation bienveillante, on considère comme lui étant tacitement offerts les dons adressés aux pauvres sans autre indication. Aller plus loin, ce serait violer la loi. Si le testateur a déclaré que sa volonté devait être accomplie par une fabrique, s'il a marqué que la fabrique devait distribuer le montant du legs aux pauvres, alors le don n'est plus offert au bureau de bienfaisance, et la loi de frimaire an V elle-même lui retire toute qualité pour l'accepter.

Nos adversaires présentent quelques objections de détail. L'art. 1er du 30 décembre 1809 charge les fabriques d'administrer les aumônes, biens, rentes, etc. et généralement tous les fonds qui sont affectés à l'exercice du culte. Ils en concluent que les aumônes font partie des biens affectés à l'exercice du culte. Je ne crois pas qu'on puisse tirer cette conséquence de l'article précité. Voici à mon sens ce qu'il signifie : Les fabriques sont chargées d'administrer les aumônes, biens, rentes, etc. Le législateur énumère les divers fonds dont les fabriques ont la gestion et, comme il craint de ne donner qu'une énumération incomplète, il ajoute : « Et généralement tous les fonds affectés au service du culte ». On ne saurait déduire rien de plus de cet article.

Cet argument de texte a paru si faible qu'on a cherché à le corroborer. Dans les art. 36 et 37 du décret du 30 décembre 1809 relatifs au budget de la fabrique, la loi n'indique pas comme source de recettes les aumônes, comme cause de dépenses les distributions de deniers faites aux pauvres. D'où il résulte clairement, dit-on, que la fabrique n'a pas qualité pour recevoir et distribuer les aumônes. Sinon, ces recettes et ces dépenses seraient inscrites dans son budget. Cet argument ne paraît pas sans réplique. Les art. 36 et 37 organisent le budget ordinaire de la fabrique. Les recettes, les dépenses, qui y sont prévues, sont nécessaires. Elles existent partout, dans toutes les fabriques. Au contraire la caisse d'aumônes peut être vide ou ne pas exister. La fabrique n'a de fonds pour les pauvres que par exception, quand on lui en adresse spécialement. La loi ne s'est pas occupée de cette hypothèse et a simplement établi les bases du budget ordinaire. D'ailleurs, ces deux articles indiquent quels sont les revenus et les dépenses de la fabrique. Or il est impossible de considérer comme un produit pour la fabrique le capital ou les arrérages d'une donation faite aux pauvres par son intermédiaire, de voir une dépense de la fabrique dans la distribution aux pauvres du montant d'une semblable donation.

L'art. 75 du décret de 1809 est le seul qui parle des pauvres : « Tout ce qui concerne les quêtes dans les Eglises sera réglé par l'Evêque sur le rapport des marguilliers, sans préjudice des quê-tes pour les pauvres, lesquelles devront avoir lieu dans les Eglises toutes les fois que les bureaux de bienfaisance le jugeront convenable ». En conclure que les fabriques n'ont pas le droit de quêter pour les pauvres, droit qui serait réservé exclusive-ment aux bureaux de bienfaisance, ce serait évi-demment exagérer la portée de cet article. Il signifie seulement que les bureaux de charité tiennent de la loi le droit de quêter dans les Eglises en dehors de toute autorisation des fabri-ques. Les fabriques même ne pourraient pas s'opposer à cette quête. Toute autre quête, au contraire, ne pourrait être faite sans l'approbation préalable du conseil. Cet article ne défend nulle-ment aux fabriques de faire des collectes pour les pauvres.

Les art. 76 et 20 de la loi de germinal an X, confient aux fabriques et aux consistoires l'admi-nistration des aumônes. Ils sont donc chargés du soin des pauvres. Cette solution concorde bien avec la loi du 7 frimaire an V. Puisque le bureau de bienfaisance ne reçoit que les dons qui lui sont adressés, il n'a aucun droit sur les libéralités offertes à d'autres.

Pour nous, la preuve est faite. La loi de germinal an X et celle de frimaire an V combinées démontrent que les fabriques peuvent recevoir les donations destinées au soulagement des pauvres. Pour déterminer en fin de compte les hésitants, nous offrons un argument de plus. Le culte juif a été organisé par une ordonnance du 25 mai 1844 et il résulte d'une façon incontestable de ce document que les synagogues ont qualité pour recueillir les libéralités adressées aux pauvres.

Nos contradicteurs prétendent que cette distinction entre les synagogues et les fabriques ou consistoires est très facile à saisir. Les fabriques et consistoires ne peuvent recevoir pour les pauvres. Les synagogues ont cette capacité et voici, paraît-il, pourquoi. « La situation d'isolement, dit « M. Béquet, dans laquelle se sont trouvés les Juifs « et l'état d'infériorité résultant pour eux de leur « nombre restreint et des préjugés sociaux ont « autorisé le législateur, qui tenait à les relever, « à leur accorder des droits et des priviléges plus « étendus qu'il n'en concédait aux fidèles des cultes « protestants et surtout à ceux de l'église catho- « lique. »

Cette explication est-elle seulement probable ? Qu'une classe jadis malheureuse et méprisée soit mise au niveau des catégories semblables par un législateur amoureux de l'égalité, cela se comprend. Mais est-il croyable que les calamités antérieures de la nation juive lui aient procuré un bénéfice? Est-il croyable qu'une chambre catholique ait admis que la religion de la majorité des Français serait placée dans une position inférieure à la religion d'une minorité? Depuis longtemps d'ailleurs, les Juifs étaient les égaux de leurs concitoyens français. L'ordonnance est de 1844; les Juifs étaient déjà riches et puissants; et il n'est pas possible d'admettre que le souvenir de leurs malheurs ait poussé le législateur à leur accorder un privilége. Il a voulu en réglant les dispositions relatives à leur culte les placer dans une situation semblable à celle des sectateurs des autres religions; et, comme il avait donné aux fabriques et aux consistoires le droit d'administrer les aumônes, il a confié à leurs synagogues le soin de soulager les pauvres selon leurs ressources et dans la mesure des dons qui leur seraient offerts.

Non-seulement notre théorie est conforme aux textes, mais elle est la seule qui puisse répondre à toutes les difficultés. Il arrive souvent que les testateurs inscrivent dans leur testament une disposition à double effet. La libéralité qu'ils adressent à la fabrique ou au consistoire a souvent pour objet tout à la fois le service du culte et le soula-

gement des pauvres. Lorsque le disposant n'a pas
déterminé les sommes afférentes à chacun de ses
objets, qui fera la division si l'on adopte le système de nos adversaires?

La fabrique a qualité pour recevoir au profit du
service du culte; nos contradicteurs prétendent
qu'elle ne peut recevoir les dons destinés aux pauvres; qui déterminera la part affectée au culte et
que doit recueillir la fabrique? la part affectée aux
pauvres et qu'elle ne peut toucher? « Faudra-t-il,
demande M. Albert Chaudé, n'autoriser l'acceptation du legs par la fabrique que jusqu'à concur-
rence de la somme qui doit être affectée au service
du culte et permettre à l'autorité de déterminer
cette somme. » Il arriverait, chose curieuse, que
cette autorité, devant conserver le reliquat, déter-
minerait par un acte de sa propre volonté ce
qu'elle doit recevoir, que le légataire fixerait le
montant du legs. Mais alors vraiment qui donc
fait ici le testament? qui donc dispose? La fabrique
n'aurait de la libéralité que ce que voudrait bien
lui laisser l'administration. Qui donc est le maître?
Il est certain que ce n'est plus le testateur.

« Par cet avis, ajoute M. Chaudé, on se trou-
vera conduit, même dans le cas où le legs ne doit
pas profiter exclusivement aux pauvres, à refuser
toute autorisation. Pour empêcher les fabriques
de recevoir dans l'intérêt des pauvres, on en arri-

vera à les empêcher de recevoir dans l'intérêt d'un
service qui rentre sans contredit dans leurs attributions : le service du culte. »

Avec la théorie du conseil d'Etat, on ne saurait
non plus exécuter une disposition qu'on trouve
aussi inscrite dans les testaments où les pauvres
sont nommés légataires. Souvent le testateur lègue
aux pauvres d'une religion déterminée, aux pauvres catholiques, aux pauvres protestants. La religion catholique et le protestantisme sont des cultes
reconnus par la loi. Mais la qualité de protestant,
celle de catholique est-elle une qualité juridique ?
Depuis 1852, depuis le moment où le suffrage
universel a été introduit dans l'église protestante,
il y a des registres officiels qui attribuent à certaines personnes et par suite à leur famille la
qualité de protestant. Depuis cette époque, on
pourrait peut-être conclure de la non-inscription
d'un individu sur ces registres à sa qualité de
catholique. Néanmoins, avant 1852, s'il y avait
plusieurs religions reconnues, on ne pouvait dire
au point de vue légal qu'un individu appartenait à
telle ou telle religion. Il est vrai que, sur les
registres de recensement, on inscrivait le nom de
l'individu et la religion de laquelle il déclarait
être membre. Cette opération n'était pas suscep-
tible de donner des résultats certains. Sous l'Empire, deux pasteurs de l'église réformée de Paris

furent inscrits comme catholiques. Ces indications
souvent erronées étaient fournies par les parties
intéressées. Il paraît, en outre, qu'on n'inscrit plus
cette mention. Comptera-t-on sur la notoriété
publique pour établir que cet individu est protestant ou catholique? Sans s'arrêter aux erreurs qui
peuvent naître de ce mode de preuve, il se ren-
contrera bien des personnes surtout dans les gran-
des villes dont tous ignorent absolument la religion. Les mairies, les bureaux de bienfaisance
n'ont pas les éléments nécessaires pour déterminer
la religion d'un individu. D'ailleurs, fussent-elles
aptes à faire ces recherches, les mairies les feront-
elles? N'ai-je pas à craindre, si je donne mille
francs aux pauvres protestants, de voir tomber
cette somme dans la caisse générale du bureau de
bienfaisance pour servir au soulagement de tous
les pauvres de la commune; de sorte qu'après
avoir rayé la disposition qui confie au consistoire
la distribution des deniers, on donnera à des pauvres que je n'ai pas institués. Vous substituez un
exécuteur testamentaire à un autre, vous changez
la personne instituée, vous n'avez plus qu'à modifier la somme donnée, et ce sera vous, non plus
moi, qui ferez mon testament.

Ainsi donc la pratique des affaires comme les
textes combinés, tout concorde à montrer que les
fabriques et les consistoires sont aptes à recueillir

les libéralités qui leur sont adressées pour les pauvres. Il faudrait, d'ailleurs, un article formel pour que la volonté du disposant ne soit pas complètement respectée. Les lois restrictives de cette liberté n'existent nulle part. Et c'est vraiment heureux. Sans parler de l'intérêt des pauvres qui recevront d'autant plus que la charité sera moins réglementée ; il importe de donner à la liberté de tous le plus grand essor, la plus grande expansion.

Dans toutes les questions sociales deux éléments se trouvent en présence : La liberté de l'individu et les droits de l'Etat. Certains esprits autoritaires sont facilement disposés à sacrifier l'individu à la société : « On nous parle de liberté, dit la *République française;* il y a longtemps que nous connaissons cette guitare. » « Hélas oui ! répond le *Temps,* qui cite cette parole étrange, pour beaucoup de Français le droit individuel, l'initiative privée, le libre effort sont des choses condamnables. Il nous faut en tout et pour tout, même dans l'exercice de la charité, la tutelle de l'Etat. Il nous faut des lisières officielles. Le sentiment de la liberté vraie s'appliquant à tous les modes d'activité humaine ne saurait entrer dans notre âme. Franchement, cela n'est pas à notre honneur, et nous comprenons, à de tels spectacles, le sourire de dédain avec lequel nous regardent parfois les peuples qui voient dans la liberté la condition même du progrès humain. »

L'horizon s'élargit, Messieurs, la solution donnée
à notre question est un fâcheux symptôme. Un
ministre s'écriait, il y a quelques années, aux
applaudissements de tous les libéraux : « De gouvernement, il en faut le moins possible ». Aujour-
d'hui on est entré dans une autre voie. Sur tous
les points, l'Etat revendique ses droits et cherche
à les étendre. Tous nous dépendons de lui. Il nous
touche tous par quelque côté et peut nous faire
sentir sa faveur ou son hostilité. On voudrait sans
doute que personne ne puisse résister à l'action du
pouvoir central, que chacun se courbe obéissant
devant les ordres de l'autorité, que comme dans
une machine bien faite, chaque partie fasse l'évo-
lution nécessaire et commandée, que, les hommes
ne soient plus des hommes, mais des rouages.
Cette société sera bien ordonnée, mais sans vie. Il
n'y aura aucun frottement, aucune résistance.

> Tout est bien nivelé par vos chemins de fer ;
> Tout est beau, tout est grand, mais on meurt dans votre air.

On semble vouloir réaliser un dessein gigantes-
que : Tout pour l'Etat, tout par l'Etat. Empêchons
le succès de ce projet funeste et proclamons bien
haut notre devise : « Tout pour la liberté et par
la liberté. »